Impressum
Verlag: BABADADA GmbH, Nedderfeld 112 , 22529 Hamburg
Geschäftsführer / Verlagsleitung: Harald Hof
Druck: Books on Demand GmbH, In de Tarpen 42, 22848 Norderstedt

Imprint
Publisher: BABADADA GmbH, Nedderfeld 112 , 22529 Hamburg, Germany
Managing Director / Publishing direction: Harald Hof
Print: Books on Demand GmbH, In de Tarpen 42, 22848 Norderstedt, Germany

școală
المدرسة

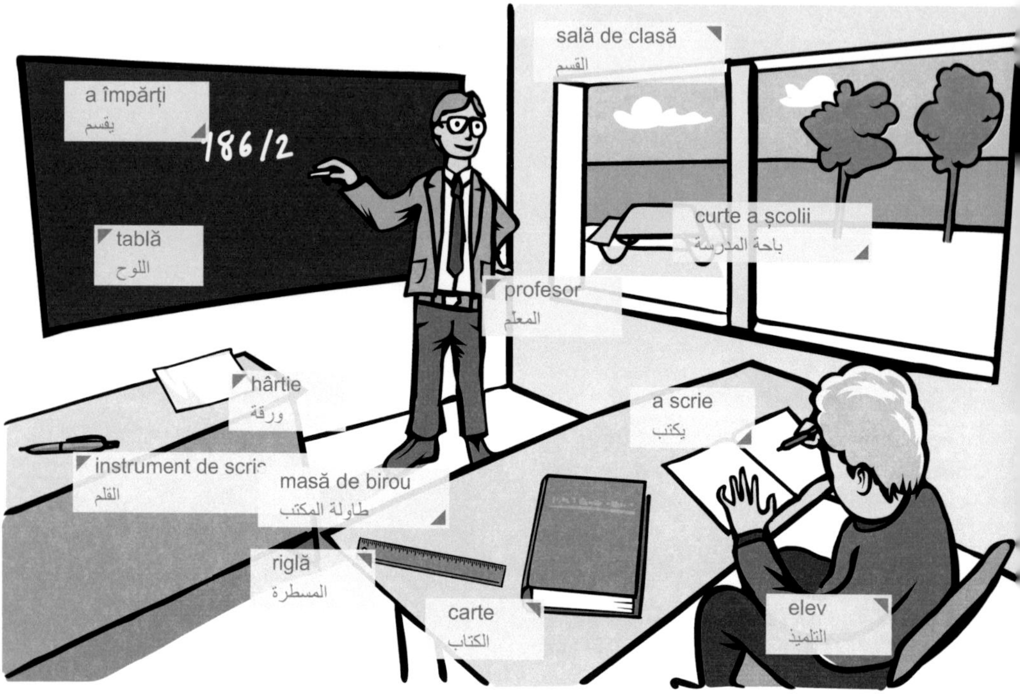

salā de clasă
القسم
a împărți
يقسم
186/2
tablă
اللوح
curte a școlii
باحة المدرسة
profesor
المعلم
hârtie
ورقة
a scrie
يكتب
instrument de scris
القلم
masă de birou
طاولة المكتب
riglă
المسطرة
carte
الكتاب
elev
التلميذ

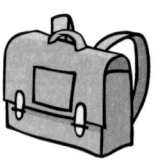

ghiozdan

الحقيبة المدرسية

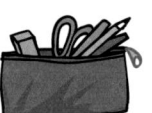

penar

المقلمة

creion

قلم الرصاص

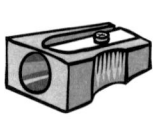

ascuțitoare

البرّاية

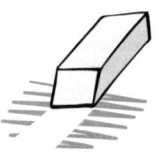

radieră

الممحاة

bloc de desen

دفتر الرسم

desen

الرسمة

pensulă

الفرشاة

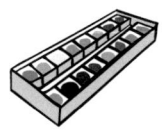

cutie de acuarele

علبة التلوين

foarfece

المقص

lipici

المادة اللاصقة

caiet de exerciții

دفتر التمارين

temă

الواجب المدرسي

număr

الرقم

a aduna

يجمع

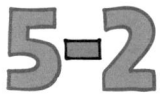

a scădea

يطرح

a multiplica

يضرب

a calcula

يحسب

literă

الحرف

alfabet

الأبجدية

hello

cuvânt

كلمة

text

النص

a citi

يقرأ

cretă

الطبشور

oră

الحصة

catalog

دفتر الدوام المدرسي

examen

الامتحان

certificat

شهادة

uniformă școlară

اللباس المدرسي

educație

التعليم

enciclopedie

الموسوعة

universitate

الجامعة

microscop

المجهر

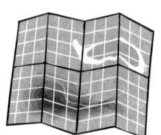

hartă

الخريطة

coș de gunoi

قماما

călătorie

سفر

hotel
فندق
Grand
hostel
بيت الشباب
ROOMS
EXCHANGE
casă de schimb valutar
مكتب صرافة
valiză
حقيبة
autovehicul
سيارة

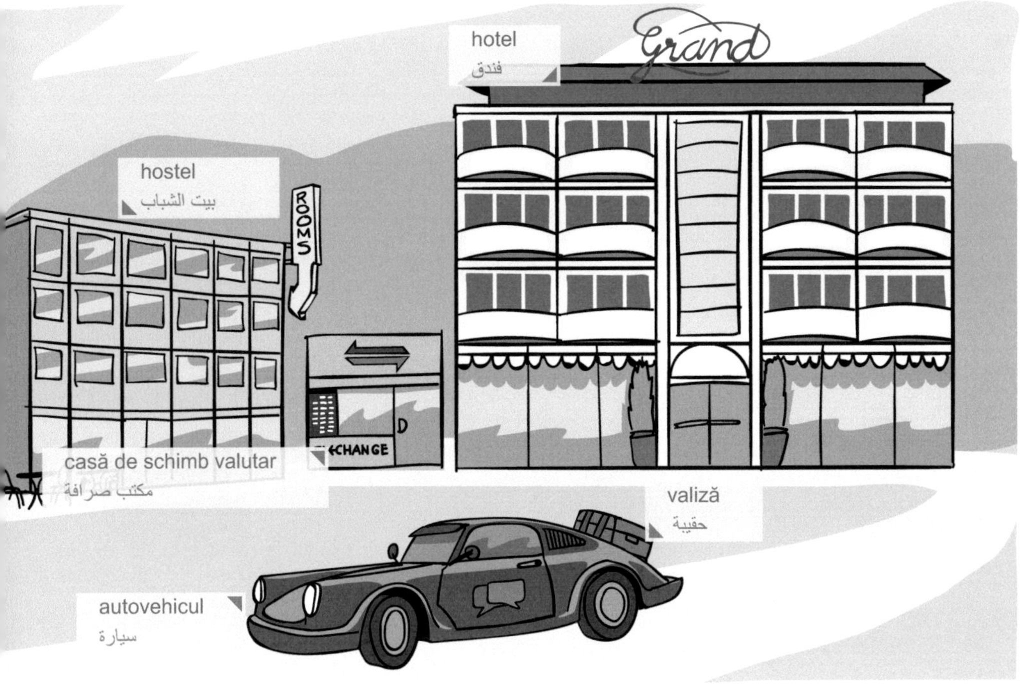

limbă

اللغة

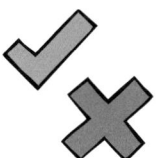

da/nu

نعم / لا

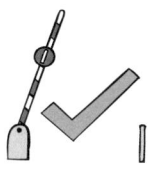

okay

حسناً

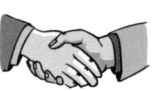

Bună!

مرحباً

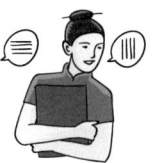

interpret

مترجم

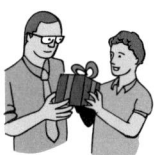

mulțumesc

شكراً

Cât costă…?

كم ثمن ... ؟

Nu înțeleg

لا أفهم

problemă

مشكلة

Bună seara!

مساء الخير

Bună dimineața!

صباح الخير!

Noapte bună!

ليلة سعيدة

la revedere

إلى اللقاء

direcție

اتجاه

bagaj

أمتعة السفر

geantă

حقيبة

rucsac

حقيبة ظهر

oaspete

ضيف

cameră

غرفة

sac de dormit

كيس للنوم

cort

خيمة

punct de informare turistică

استعلامات سياحية

plajă

شاطئ

carte de credit

بطاقة ائتمان

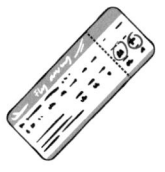

mic dejun

إفطار

masa de prânz

طعام الغذاء

cină

العشاء

bilet de călătorie

بطاقة سفر

lift

مصعد

timbru poştal

طابع بريدي

graniţă

حدود

vamă

الجمارك

ambasadă

سفارة

viză

تأشيرة

paşaport

جواز سفر

transport
نقل

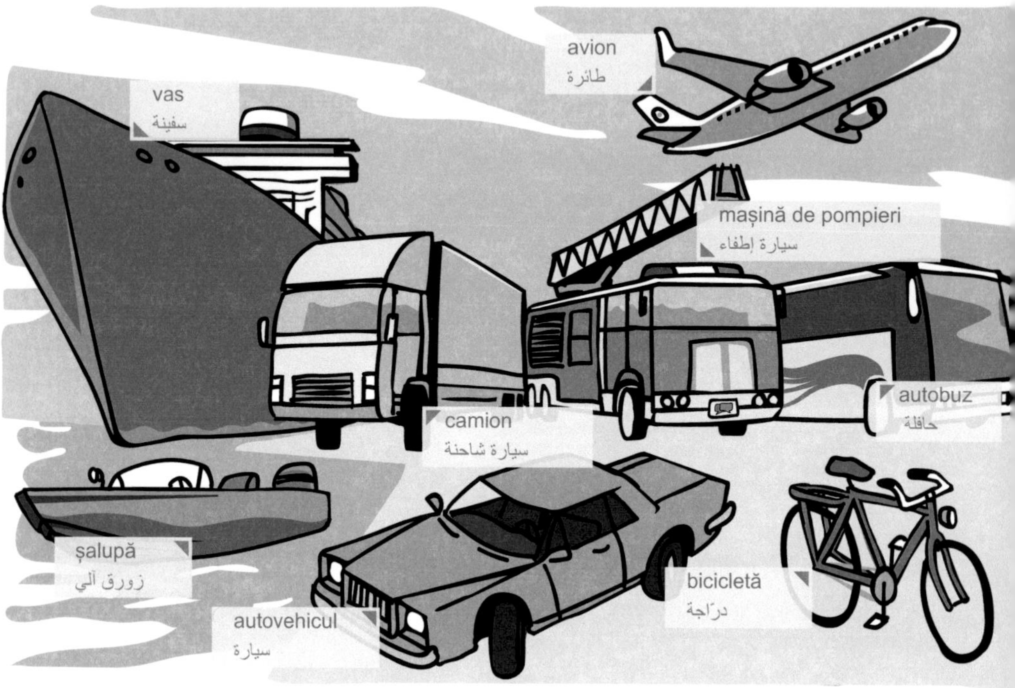
avion
طائرة
vas
سفينة
mașină de pompieri
سيارة إطفاء
camion
سيارة شاحنة
autobuz
حافلة
șalupă
زورق آلي
bicicletă
درّاجة
autovehicul
سيارة

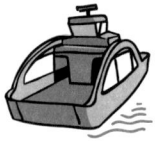

feribot

عبارة

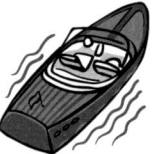

barcă

قارب

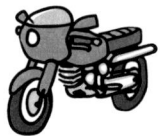

motocicletă

دراجة نارية

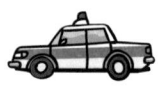

mașină de poliție

سيارة شرطة

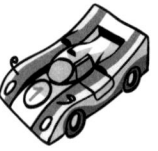

mașină de curse

سيارة سباق

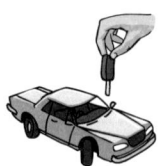

mașină închiriată

سيارة مستأجرة

car sharing

أسلوب تشاركي في استئجار السيارات

mașină de tractat

سيارة للجر

mașină de gunoi

سيارة نقل القمامة

motor

محرك

combustibil

وقود

benzinărie

محطة وقود

semn de circulație

إشارة مرور

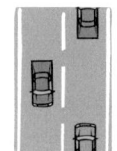

trafic

حركة السير

ambuteiaj

ازدحام سير

parcare

موقف سيارات

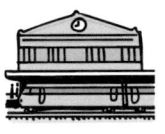

gară

محطة قطار

șine

سكك حديدية

tren

قطار

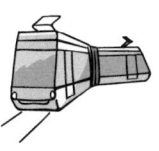

tramvai

ترام

vagon

عربة قطار

elicopter

طائرة مروحية

aeroport

مطار

turn

برج

pasager

مسافر

container

حاوية

carton

علبة كرتون

căruță

عربة يد

coş

سلة

a decola/a ateriza

يقلع / يهبط

oraş

مدينة

sat

قرية

centru

مركز المدينة

casă

بيت

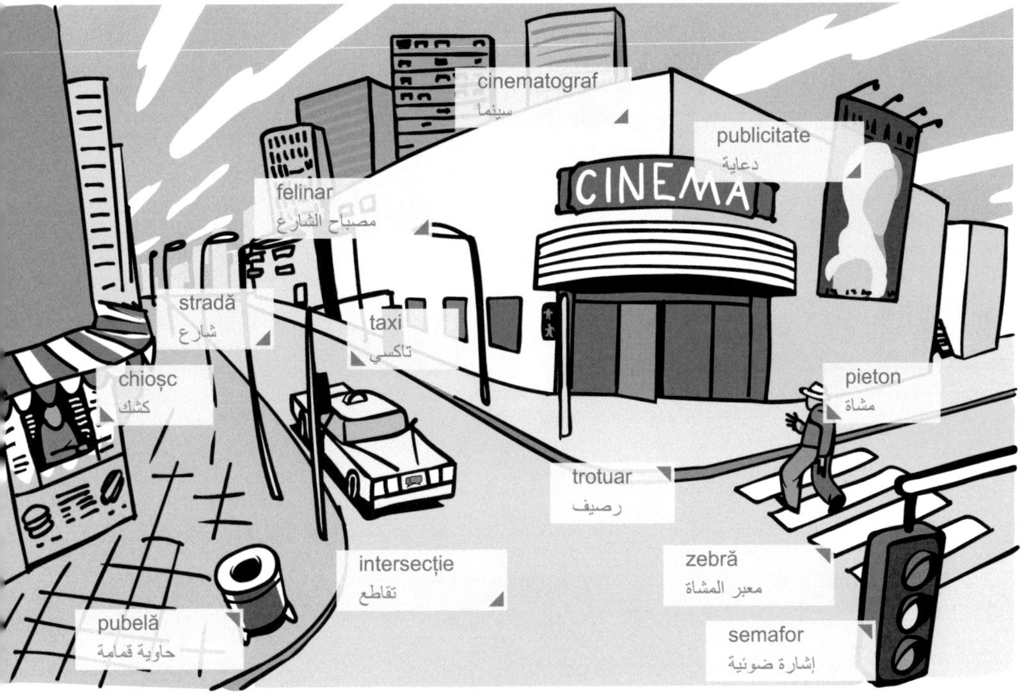

cinematograf
سينما

publicitate
دعاية

felinar
مصباح الشارع

CINEMA

stradă
شارع

taxi
تاكسي

chioșc
كشك

pieton
مشاة

trotuar
رصيف

intersecție
تقاطع

zebră
معبر المشاة

pubelă
حاوية قمامة

semafor
إشارة ضوئية

cabană
كوخ

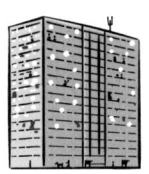

apartament
شقة

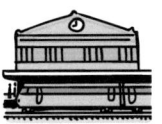

gară
محطة قطار

primărie
دار البلدية

muzeu
متحف

școală
المدرسة

universitate

الجامعة

bancă

مصرف

spital

المستشفى

hotel

فندق

farmacie

صيدلية

birou

مكتب

librărie

مكتبة

magazin

متجر

florărie

محل لبيع الزهور

supermarket

سوبرماركت

piață

سوق

magazin universal

متجر كبير

comerciant de pește

تاجر السمك

centru comercial

مركز تَسوّق

port

ميناء

parc

حديقة عامة

bancă

مقعد

pod

جسر

trepte

درج، سلم

metrou

مترو

tunel

نفق

stație de autobuz

موقف حافلات

bar

بار

restaurant

مطعم

cutie poștală

صندوق البريد

tăbliță indicatoare cu
numele străzii

لافتة باسم الشارع

parcometru

مقياس زمن الوقوف

grădină zoologică

حديقة حيوانات

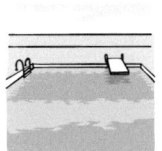

piscină

مسبح

moschee

مسجد

gospodărie țărănească

مزرعة

poluare

تلوث البيئة

cimitir

مقبرة

biserică

كنيسة

loc de joacă

ملعب الأطفال

templu

معبد

peisaj

طبيعة ريفية

frunză
ورقة

indicator
علامة إرشاد

drum
طريق

pajiște
مرج

piatră
حجر

copac
شجرة

drumeț
رحالة

râu
نهر

iarbă
عشب

floare
زهرة

vale

وادٍ

deal

جبل

lac

بحيرة

pădure

غابة

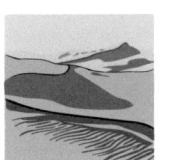

deșert

صحراء

vulcan

بركان

castel

قلعة

curcubeu

قوس قزح

ciupercă

فطر

palmier

نخلة

țânțar

بعوض

muscă

ذبابة

furnică

نملة

albină

نحلة

păianjen

عنكبوت

gândac

خنفساء

broască

ضفدعة

veveriţă

سنجاب

arici

قنفذ

iepure

أرنب

bufniţă

بومة

pasăre

عصفور

lebădă

بجعة

porc mistreţ

خنزير برّي

cerb

غزال

elan

الكة

dig

سد

turbină eoliană

دولاب الطاحونة الهوائية

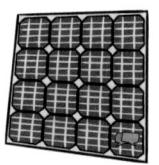

panou solar

خلية شمسية

climă

مناخ

restaurant
مطعم

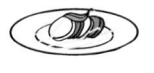

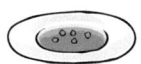

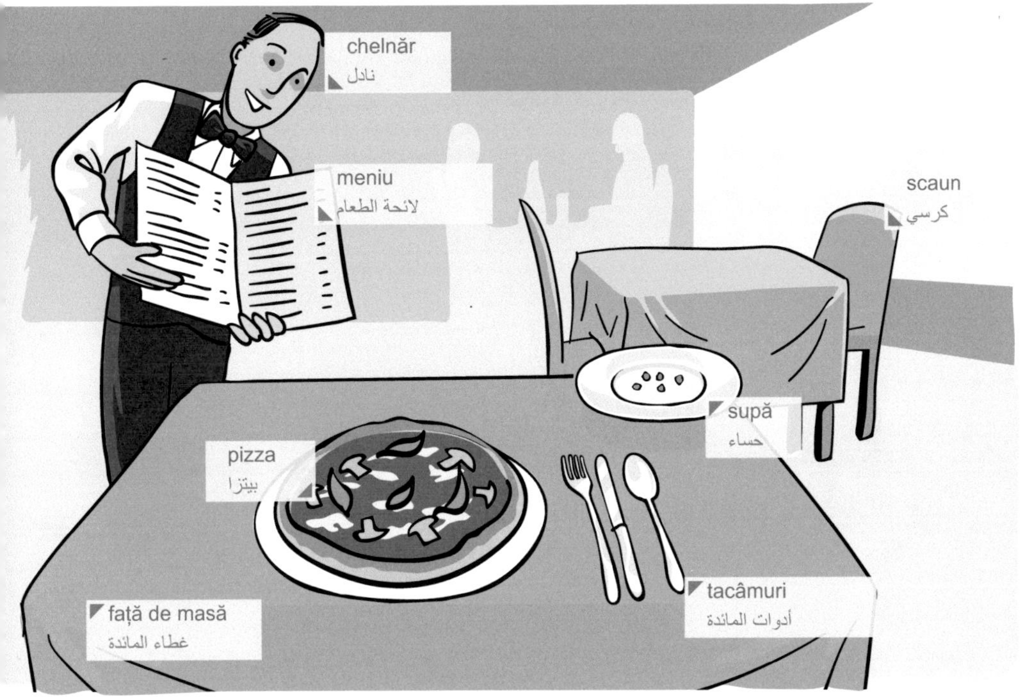
chelnăr
نادل
meniu
لائحة الطعام
scaun
كرسي
supă
حساء
pizza
بيتزا
tacâmuri
أدوات المائدة
față de masă
غطاء المائدة

antreu

مقبلات

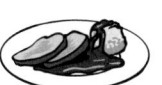

fel principal

الصحن الرئيسي

desert

حلوى أو فاكهة بعد الطعام

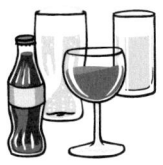

băuturi

مشروبات

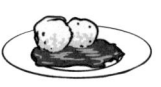

mâncare

طعام

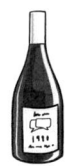

sticlă

زجاجة

fastfood

وجبات سريعة

streetfood

طعام الشارع

ceainic

إبريق الشاي

zaharniță

علبة السكر

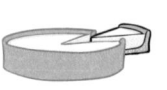

porție

حصَّة

espressor

آلة الإسبريسو

scaun înalt (pentru copii)

كرسي عالٍ

factură

فاتورة

tavă

صينية

cuțit

سكين

furculiță

شوكة

lingură

ملعقة

linguriță

ملعقة الشاي

șervețel

منديل المائدة

pahar

كأس

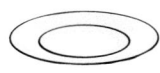

farfurie

صحن

farfurie de supă

صحن الحساء

farfurie

صحن الفنجان

sos

صلصة

solniță

مملحة

râșniță de piper

مطحنة الفلفل

oțet

خل

ulei

زيت الطعام

condimente

توابل

ketchup

كتشاب

muștar

خردل

maioneză

مايونيز

supermarket
سوبرماركت

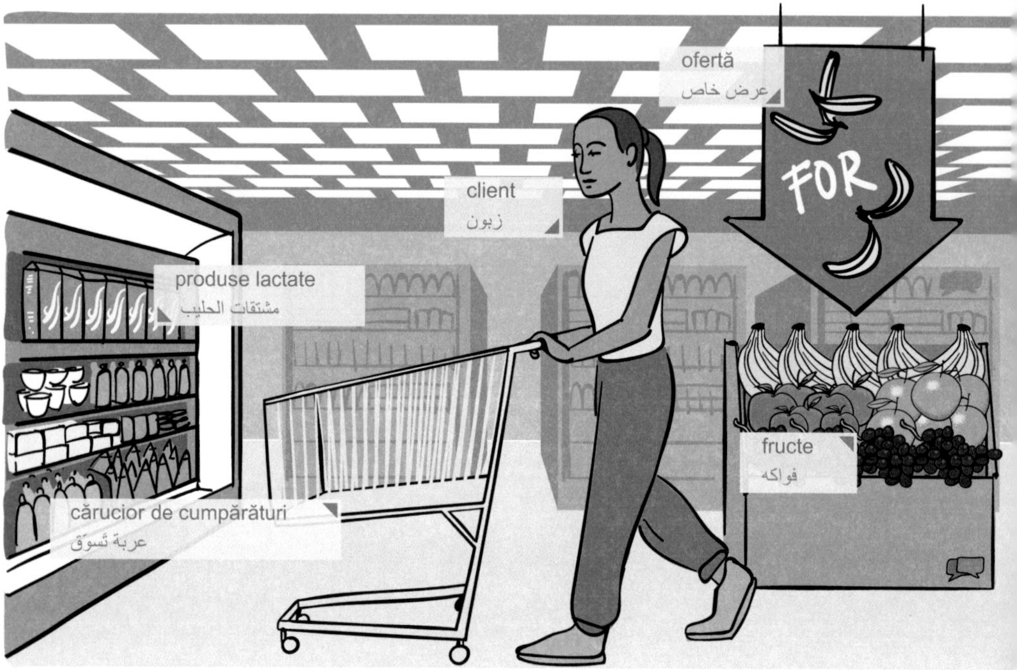

ofertă
عرض خاص
FOR
client
زبون
produse lactate
مشتقات الحليب
fructe
فواكه
cărucior de cumpărături
عربة تَسوّق

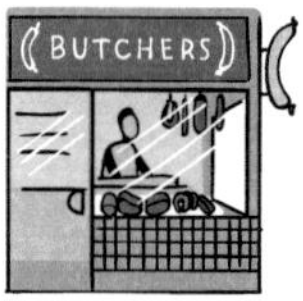

BUTCHERS

măcelărie

جزّار

BAKERY

brutărie

مخبز

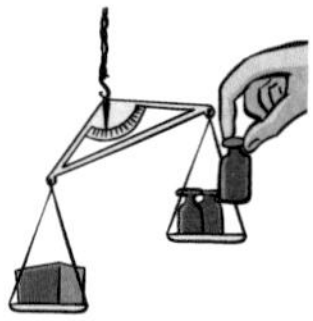

a cântări

يزن

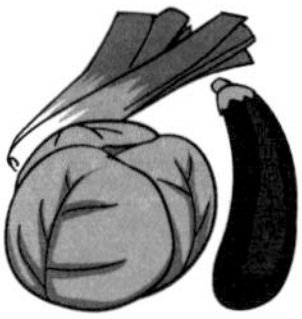

legume

خضار

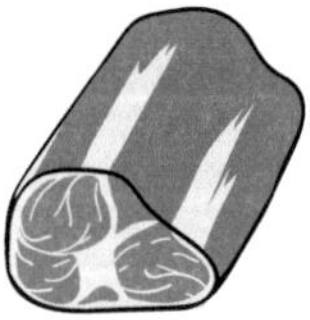

carne

لحم

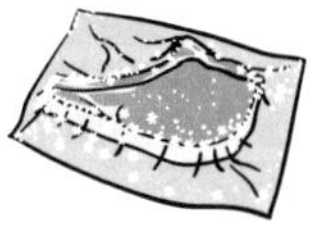

alimente refrigerate

المأكولات المجمّدة

ezeluri şi brânzeturi feliate

مرتدلا أو جبن

conserve

معلبات

detergent

مسحوق الغسيل

dulciuri

حلويات

articole de menaj

المواد المنزلية

produse de curăţenie

منظفات

vânzătoare

بائعة

casă

صندوق الحساب

casier

أمين صندوق

listă de cumpărături

قائمة المشتريات

orar

أوقات العمل

portmoneu

محفظة النقود

carte de credit

بطاقة ائتمان

geantă

حقيبة

pungă de plastic

كيس بلاستيكي

apă

ماء

suc

عصير

lapte

حليب

cola

كولا

vin

نبيذ

bere

بيرة

alcool

كحول

cacao

كاكاو

ceai

شاي

cafea

قهوة

espresso

قهوة إسبريسو

cappucino

كابوتشينو

banane

موزة

măr

تفاح

portocală

برتقال

pepene

بطيخ

lămâie

ليمون

morcov

جزرة

usturoi

ثوم

bambus

خيزران

ceapă

بصل

ciupercă

فطر

nuci

لوزيات

paste făinoase

شعيرية

spagheti

سباغيتي

orez

أرزّ

salată

سلطة

cartofi prăjiți

بطاطا مقلية

cartofi țărănești

بطاطا مقلية

pizza

بيتزا

hamburger

هامبورغر

sandwich

ساندويش

șnițel

شريحة لحم مقلية

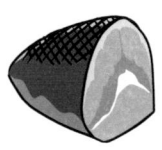

șuncă

لحم خنزير

salam

سلامي

cârnați

سجق

pui

دجاج

friptură

لحم محمر

pește

سمك

fulgi de ovăz

دقيق الشوفان

musli

موسلي

cereale

كورن فلكس

făină

طحين

corn

كرواسان

chifle

خبز صغير

pâine

خبز

pâine prăjită

خبز محمص

biscuiți

بسكويت

unt

زبدة

brânză de vaci

لبن زبادي

prăjitură

كعكة

ou

بيضة

ouă ochiuri

بيض مقلي

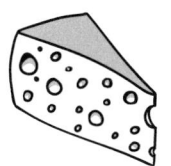

brânză

جبنة

înghețată

مثلجات

zahăr

سكر

miere

عسل

marmeladă

مربى الفاكهة

cremă nuga

كريم النوغا

curry

الكاري

gospodărie țărănească
مزرعة

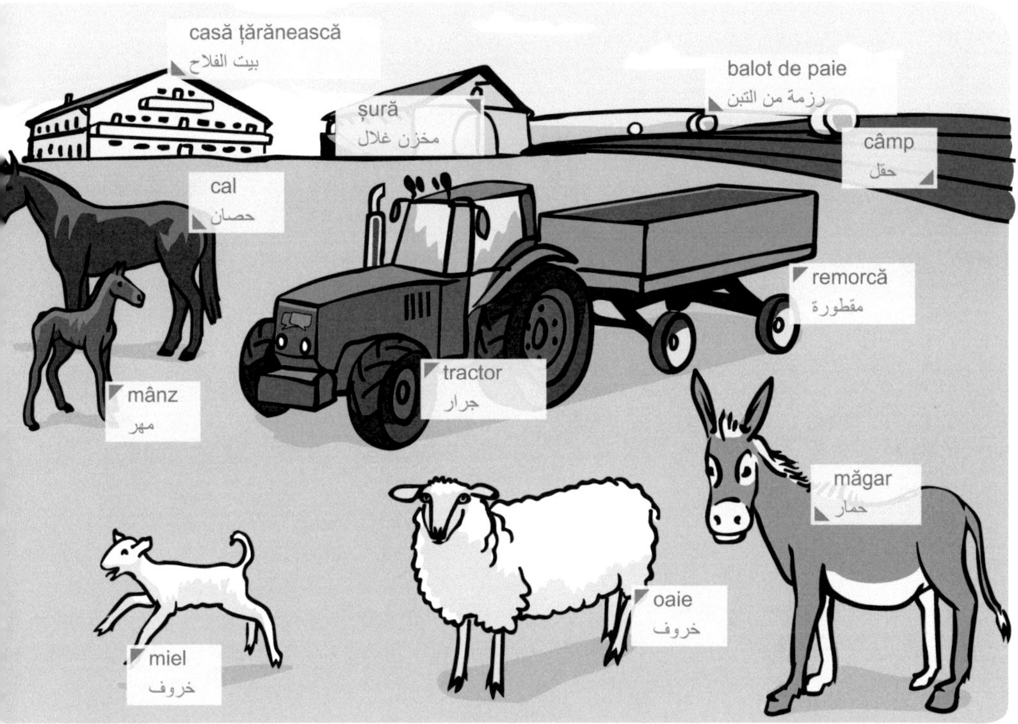

casă țărănească
بيت الفلاح
șură
مخزن غلال
balot de paie
رزمة من التبن
câmp
حقل
cal
حصان
remorcă
مقطورة
tractor
جرار
mânz
مهر
măgar
حمار
oaie
خروف
miel
خروف

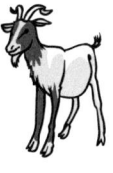

capră
ماعز

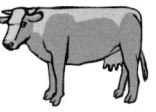

vacă
بقرة

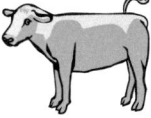

vițel
عجل

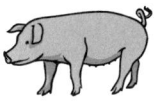

porc
خنزير

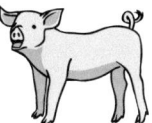

purcel
خنزير صغير

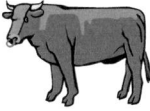

taur
ثور

găină

إوَزَة

rață

بطة

pui

صوص

găină

دجاجة

cocoș

ديك

șobolan

جرذ

pisică

قطة

șoarece

فار

bou

ثور

câine

كلب

cușcă

كوخ الكلب

furtun de grădină

خرطوم الحديقة

stropitoare

إبريق

coasă

منجل

plug

المحراث

seceră

منجل

sapă

معزقة

furcă

مذراة الزبل

secure

بلطة

roabă

عربة يد

troacă

معلف

cană pentru lapte

صفيحة الحليب

sac

كيس

gard

سياج

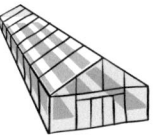

grajd

اصطبل

seră

دفيئة

sol

تربة

sămânță

بذور

fertilizator

سماد

combină de treierat

حصّادة درّاسة

a culege

يحصد

recoltă

محصول

cartof yam

بطاطا يامس

grâu

قمح

soia

صويا

cartof

بطاطا

porumb

ذرة

rapiță

سلجم

pom fructifer

شجرة فاكهة

manioc

نبات منيهوت

cereale

الحبوب

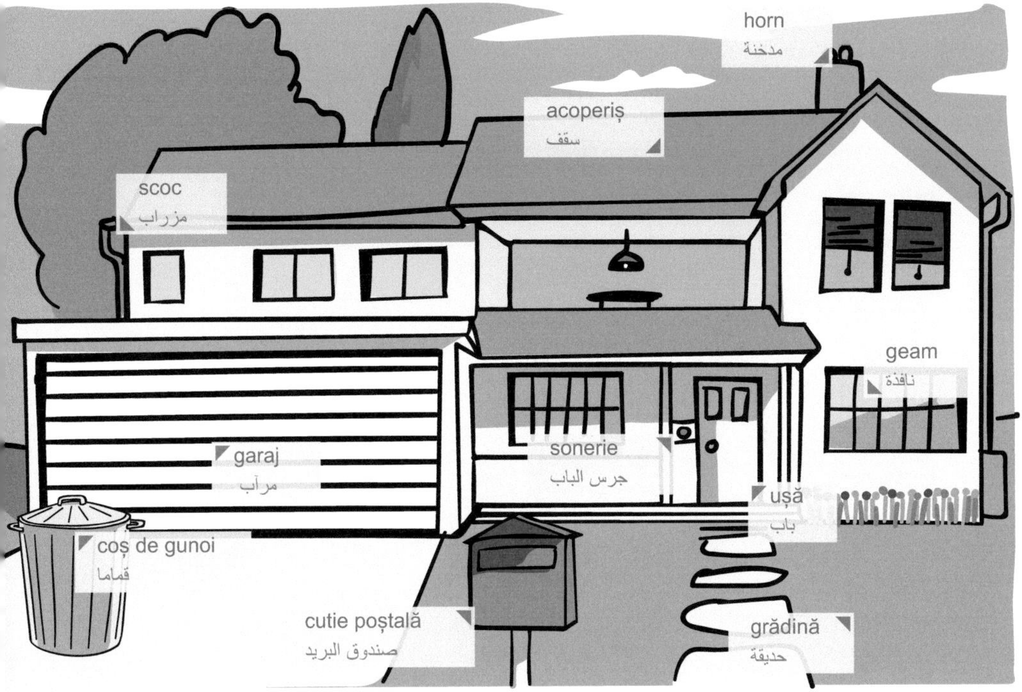

horn
مدخنة

acoperiș
سقّف

scoc
مزراب

geam
نافذة

garaj
مرآب

sonerie
جرس الباب

ușă
باب

coș de gunoi
قمامة

cutie poștală
صندوق البريد

grădină
حديقة

cameră de zi

غرفة جلوس

baie

الحمّام

bucătărie

مطبخ

dormitor

غرفة النوم

camera copiilor

غرفة الأطفال

sufragerie

غرفة الطعام

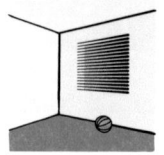

podea

أرضية

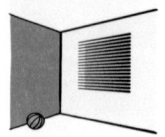

perete

حائط

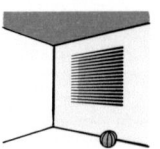

tavan

سقف

pivniță

قبو

saună

ساونا

balcon

بلكون

terasă

شُرفة

piscină

مسبح

mașină de tuns iarba

جزّازة العشب

cearșaf

بياضات السرير

cuvertură

بطانية

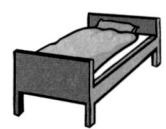

pat

سرير

mătură

مكنسة

găleată

سطل

întrerupător

مفتاح كهربائي

cameră de zi
غرفة جلوس

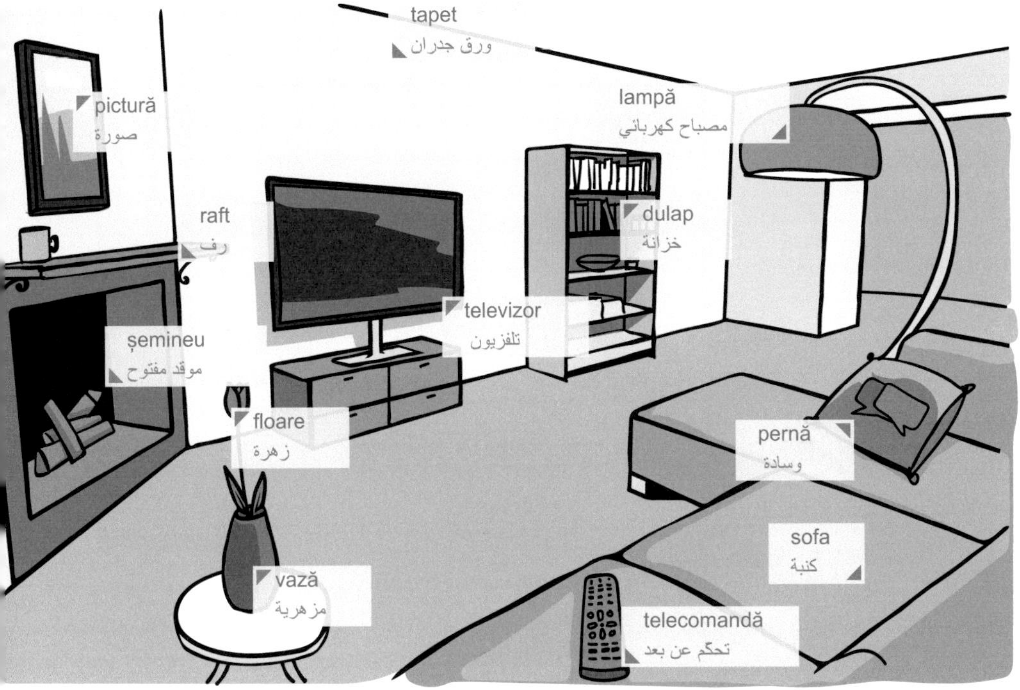

tapet
ورق جدران
pictură
صورة
lampă
مصباح كهربائي
raft
رف
dulap
خزانة
televizor
تلفزيون
șemineu
موقد مفتوح
floare
زهرة
pernă
وسادة
sofa
كنبة
vază
مزهرية
telecomandă
تحكم عن بعد

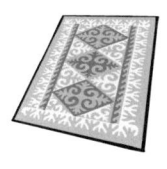

covor

بساط

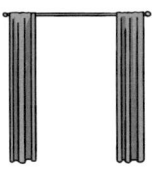

perdea

ستارة

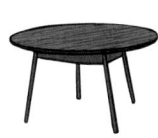

masă

طاولة

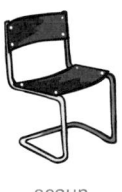

scaun

كرسي

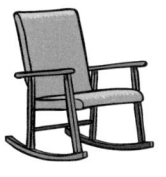

balansoar

كرسي هزّاز

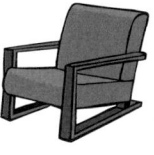

fotoliu

كرسي ذو ذراعين

carte

الكتاب

pătură

بطانية

decoraţiune

زخرفة

lemn de foc

الحطب

film

فيلم

instalaţie stereo

تجهيزات ستيريو

cheie

مفتاح

ziar

جريدة

desen

لوحة مرسومة

poster

مُلصق

radio

راديو

caiet de notiţe

دفتر ملاحظات

aspirator

المكنسة الكهربائية

cactus

صبّار

lumânare

شمعة

bucătărie
مطبخ

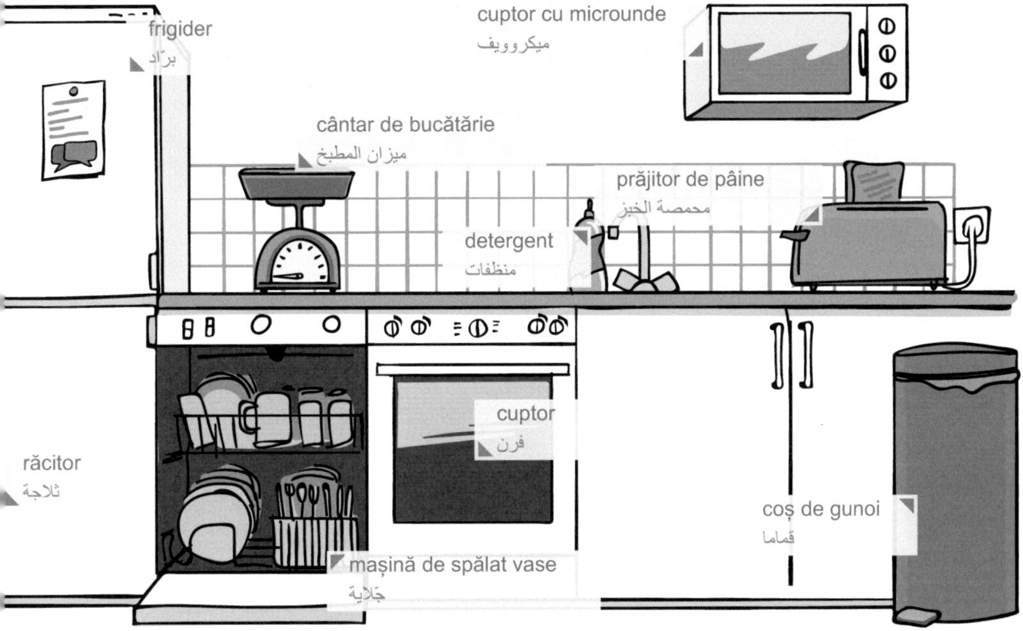

frigider
برّاد
cuptor cu microunde
ميكروويف
cântar de bucătărie
ميزان المطبخ
prăjitor de pâine
محمصة الخبز
detergent
منظفات
cuptor
فرن
răcitor
ثلاجة
coș de gunoi
قماما
mașină de spălat vase
جَلاية

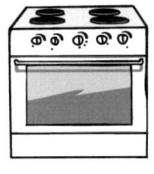

cuptor
موقد

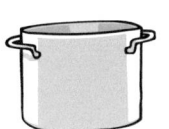

oală
قدر

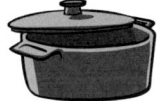

oală de metal
وعاء من الحديد

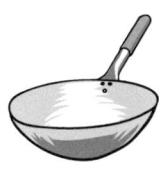

wok/kadai
قدر صيني

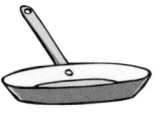

tigaie
مقلاة

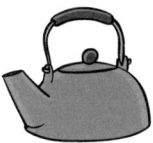

ceainic
غلاية

oală de gătit cu aburi

قدر البخار

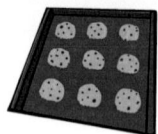

tavă de copt

صينية

veselă

أواني

pahar

فنجان

bol

صحن

bețișoare

عيدان الأكل

polonic

مغرفة

spatulă

ملعقة منبسطة

tel

خفاقة

sită

مصفاة

sită

مصفاة

răzătoare

مبشرة

mojar

هاون

grătar

شواء

loc pentru grătar

موقد

tocător

لوح التقطيع

sucitor

نشابة

conservă

علبة

deschizător de conserve

مفتاح العلب المعدنية

șervete termice

قماش الفرن

tirbușon

مفتاح الزجاجات

chiuvetă

مجلى

perie

فرشاة

burete

إسفنج

mixer

خلاط

ladă frigorifică

مجمّدة

biberon

زجاجة الطفل

robinet

صنبور الماء

baie

الحمّام

încălzire
تدفئة
duș
دوش
prosop
منشفة
perdea de duș
ستارة الدوش
baie cu spumă
حمام رغوة
cadă
حوض الحمام
mașină de spălat
غسّالة
robinet
صنبور الماء
gresie
بلاط
pahar
كأس
oală de noapte
قفازات مطاطية
chiuvetă
مجلى

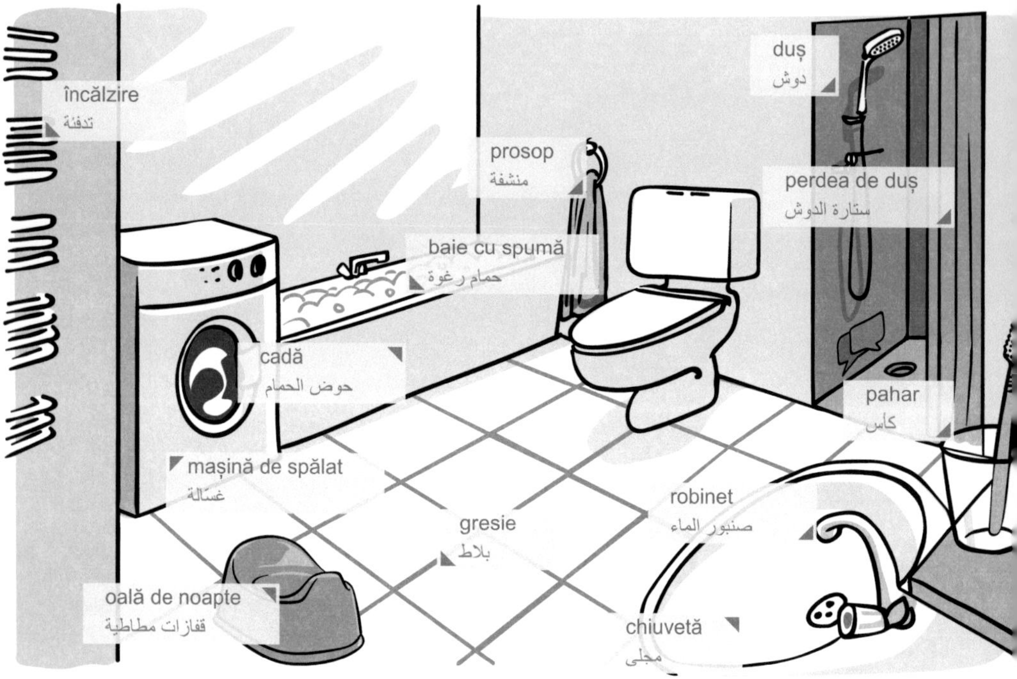

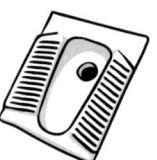

toaletă

حمام

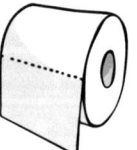

toaletă turcescă

مرحاض القرفصاء

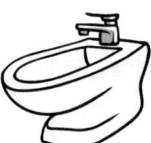

bideu

حوض التشطيف

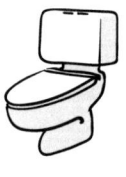

pisoir

مبولة

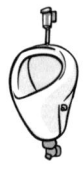

hârtie igienică

ورق المرحاض

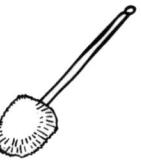

perie de toaletă

فرشاة الحمام

periuță de dinți

فرشاة الأسنان

pastă de dinți

معجون الأسنان

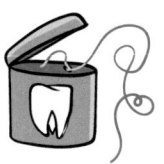

ață dentară

خيط حرير لتنظيف الأسنان

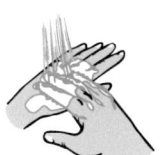

a spăla

يغسل

cap de duș

رشاش ماء يدوي

duș intim

شطاف

lavoar

حوض الغسيل

perie pentru spate

فرشاة الظهر

săpun

صابون

gel de duș

جيل الدوش

șampon

شامبو

cârpă de spălat

ممسحة

scurgere

مصرف للماء

cremă

مرهم

deodorant

مزيل الروائح

oglindă

مرآة

oglindă cosmetică

مرآة يد

aparat de ras

موس حلاقة

spumă de ras

رغوة الحلاقة

aftershave

كولونيا

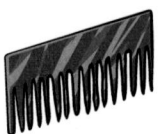

pieptene

مشط

perie

فرشاة

uscător de păr

سشوار

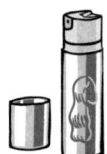

fixator

مثبت للشعر

machiaj

ماكياج

ruj

روج

lac de unghii

طلاء أظافر

vată

قطن

foarfece de unghii

مقص أظافر

parfum

عطر

neseser

سلة الغسيل

taburet

مقعد صغير

cântar

ميزان

halat de baie

معطف الحمام

mănuși de cauciuc

قفازات مطاطية

tampon

سدادة قطنية

tampon

منشفة صحية

toaletă chimică

توالیت کیمیائیة

camera copiilor
غرفة الأطفال

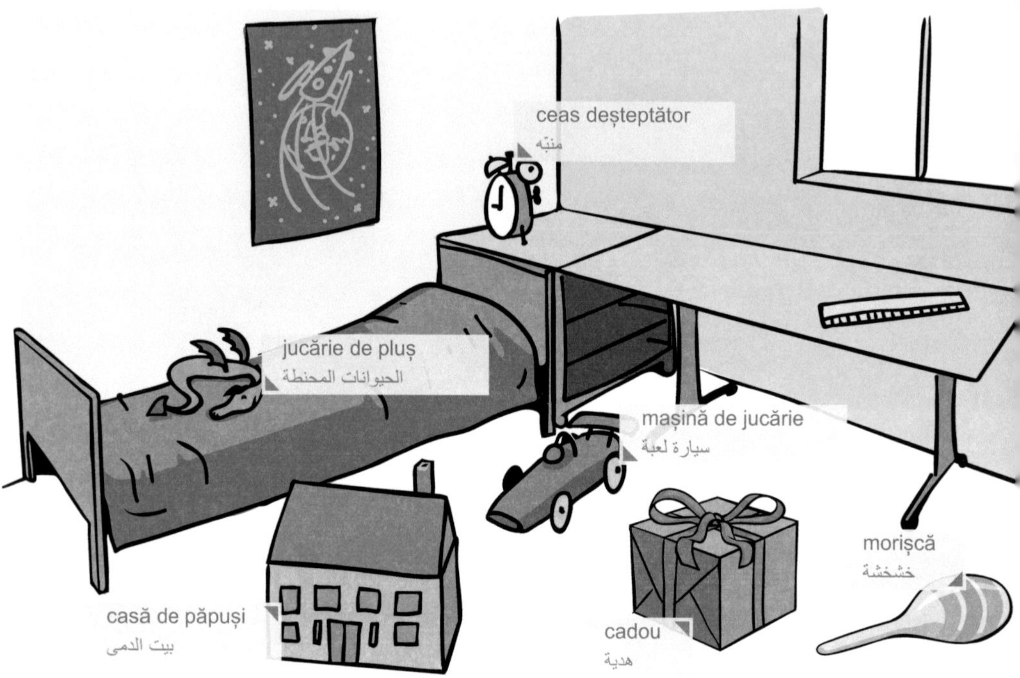

ceas deșteptător
منبّه
jucărie de pluș
الحيوانات المحنطة
mașină de jucărie
سيارة لعبة
morișcă
خشخشة
casă de păpuși
بيت الدمى
cadou
هدية

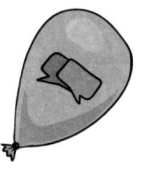

balon

بالون

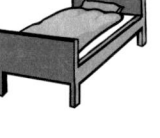

pat

سرير

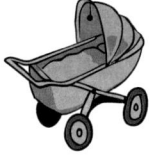

cărucior de copii

عربة الأطفال

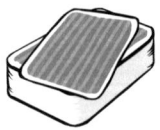

joc de cărți

لعبة الورق

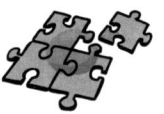

puzzle

أحجية

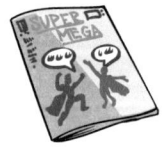

revistă de benzi desenate

رسوم هزلية

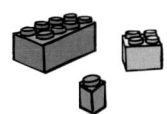

cuburi lego

أحجار الليغو

piese pentru construcții

حجارة تركيب

personaj din filmele de acțiune

دمية بطل

body

لباس الطفل

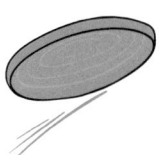

frisbee

فريسبي

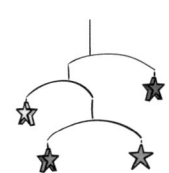

mobil

دمية معلقة

joc de societate

لعبة الطاولة

zar

لعبة النرد

set trenuleț de jucărie

لعبة قطار

suzetă

مصّاصة

petrecere

حفلة

carte cu poze

كتاب مصوّر

minge

كرة

păpușă

دمية

a se juca

يلعب

groapă de nisip

ملعب رملي للأطفال

leagăn

أرجوحة

jucării

لعبة

consolă video

ألعاب فيديو

tricicletă

دراجة ثلاثية

ursuleț

دمية على شكل الدب

dulap

خزانة الثياب

îmbrăcăminte

ثياب

șosete

جوارب قصيرة

ciorapi

جوارب طويلة

dres

جورب بنطلون

şal
شال

umbrelă
شمسية

tricou
تي شيرت

curea
حزام

cizme
حذاء شتوي

papuci
شبشب

pantofi sport
أحذية رياضية

sandale
صندل

încălțăminte
حذاء

cizme de cauciuc
جزمة كاوتشوك

chilot
سروال داخلي

sutien
صدارة

maiou
قميص داخلي

body

لباس ملاصق للجسم

pantaloni

بنطلون

blugi

جينز

fustă

تنورة

bluză

بلوزة

cămaşă

قميص

pulover

سترة قطنية

jerseu

كنزة كم طويل

sacou

سترة فضفاضة

jachetă

سترة

palton

معطف

pelerină de ploaie

معطف مطري

costum

زي – طقم نسائي

rochie

ثوب

rochie de mireasă

ثوب الزفاف

costum

طقم

cămașă de noapte

قميص نوم

pijama

بيجاما

sari

ساري

batic

حجاب

turban

عمامة

burka

برقع

caftan

قفطان

abaya

عباءة

costum de baie

مايوه

șort

سروال سباحة

pantaloni scurți

شرت

trening

بدلة رياضية

șorț

منزر

mănuși

قفازات

nasture

زر

ochelari

نظّارة

brățară

إسوارة

lanț

عقد

inel

خاتم

cercel

قرط

căciulă

طاقية

umeraș

علاقة ثياب

pălărie

قبّعة

cravată

ربطة العنق

fermoar

سحّاب

cască

خوذة

bretele

حمّالة البنطلون

uniformă școlară

اللباس المدرسي

uniformă

زي موحّد

bavețică

مريلة الأطفال

suzetă

مصّاصة

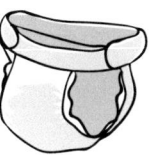

scutec

لفافة

birou

مكتب

server
المخدّم

dulap de acte
خزانة الملفات

imprimantă
طابعة

hârtie
ورقة

monitor
شاشة

masă de birou
طاولة المكتب

mouse
فارة

fișier
ملف

tastatură
لوحة المفاتيح

scaun
كرسي

coș de gunoi
قماما

computer
حاسوب

ceașcă de cafea

كأس من القهوة

calculator

الآلة الحاسبة

internet

الإنترنت

laptop

الحاسوب المحمول

scrisoare

رسالة

mesaj

خبر

telefon mobil

الهاتف المحمول

rețea

شبكة

copiator

جهاز تصوير

software

البرمجيات

telefon

هاتف

priză

مقبس كهربائي

fax

فاكس

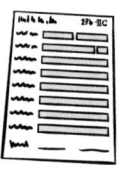

formular

استمارة

document

وثيقَة

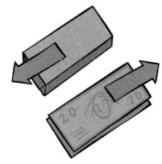

a cumpăra

يشتري

a plăti

يدفع

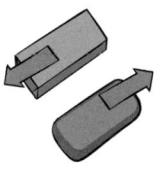

a face comerț

يتاجر

bani

مال

Dolar

دولار

Euro

يورو

Yen

ين

Rublă

روبل

Franc Elvețian

فرنك سويسري

renminbi yuan

يوان

Rupie

روبية

bancomat

صرّاف آلي

casă de schimb valutar

مكتب صرافة

aur

ذهب

argint

فضة

petrol

نفط

energie

طاقة

preț

سعر

contract

عقد

impozit

ضريبة

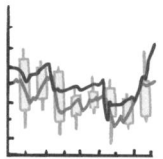

acțiune

سهم

a munci

يعمل

angajat

موظف

angajator

رب العمل

fabrică

مصنع

magazin

متجر

ocupații
المِهَن

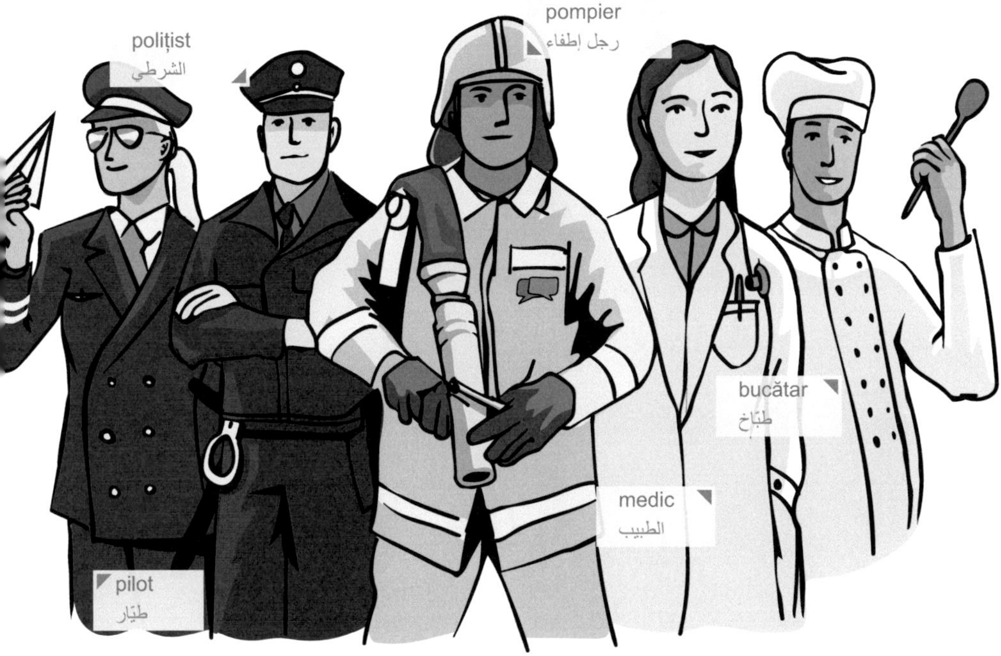

polițist
الشرطي
pompier
رجل إطفاء
bucătar
طبَاخ
medic
الطبيب
pilot
طيّار

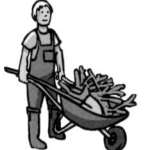

grădinar

بستاني

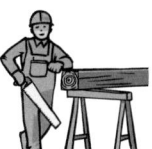

tâmplar

نجّار

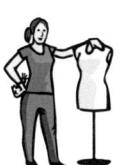

cusătoreasă

خيّاطة

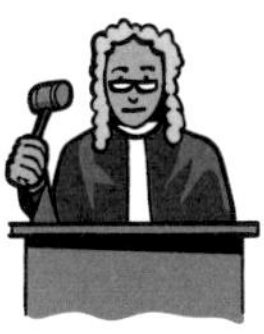

judecător

قاض

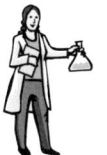

chimist

كيميائي

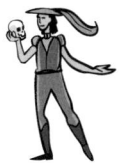

actor

ممثل

şofer de autobuz

سائق حافلة

şofer de taxi

سائق تاكسي

pescar

صياد سمك

femeie de serviciu

أجيرة للتنظيف

tinichigiu

بنّاء سقف

chelnăr

نادل

vânător

صيّاد

pictor

رسّام

brutar

خبّاز

electrician

كهربائي

muncitor în construcţii

عامل بناء

inginer

مهندس

măcelar

لحّام

instalator

سمكري

poştaş

ساعي البريد

soldat

جندي

arhitect

مهندس معماري

casier

أمين صندوق

florar

بائع الزهور

frizer

حلاق

controlor

مراقب القطار

mecanic

ميكانيكي

căpitan

قبطان

stomatolog

طبيب أسنان

om de știință

رجل العلم

rabin

حاخام

imam

إمام

călugăr

راهب

preot

كاهن

instrumente
عدة عمل

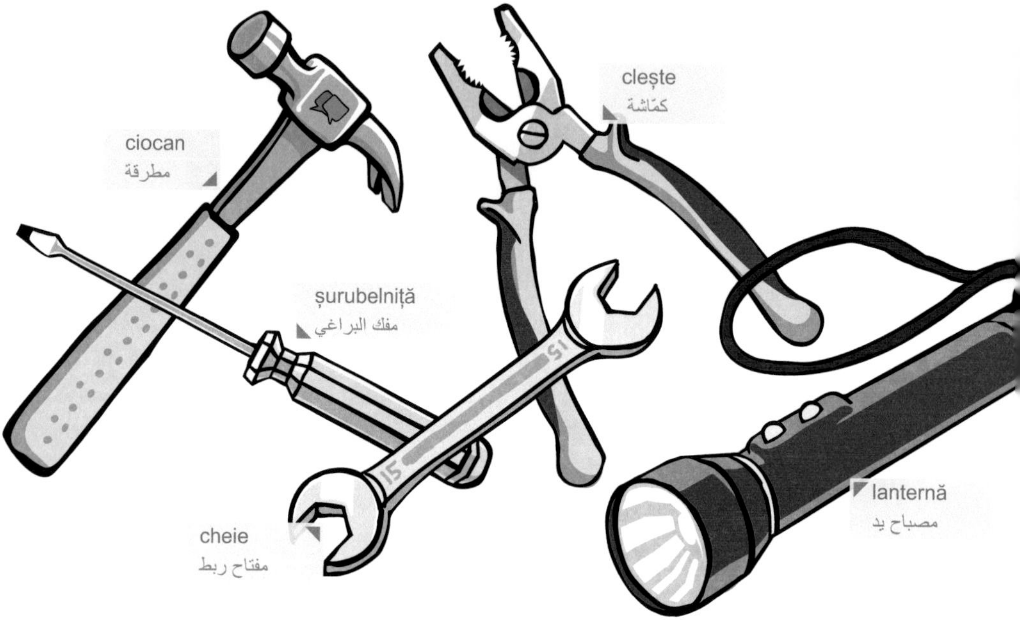
ciocan
مطرقة
clește
كمّاشة
șurubelniță
مفك البراغي
cheie
مفتاح ربط
lanternă
مصباح يد

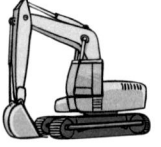

excavator
جرافة

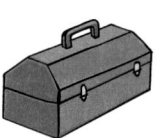

cutie de scule
صندوق العدة

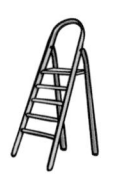

scară
سلّم

ferăstrău
منشار

cuie
مسامير

burghiu
مثقب

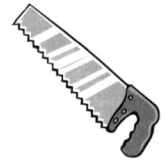

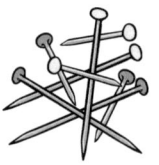

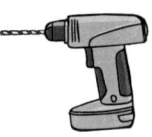

a repara

يصلح

lopată

مجرفة

La naiba!

اللعنة

făraş

لقاطة الكناسة

vas pentru vopsea

سطل الألوان

şuruburi

براغي

instrumente muzicale

آلات موسيقية

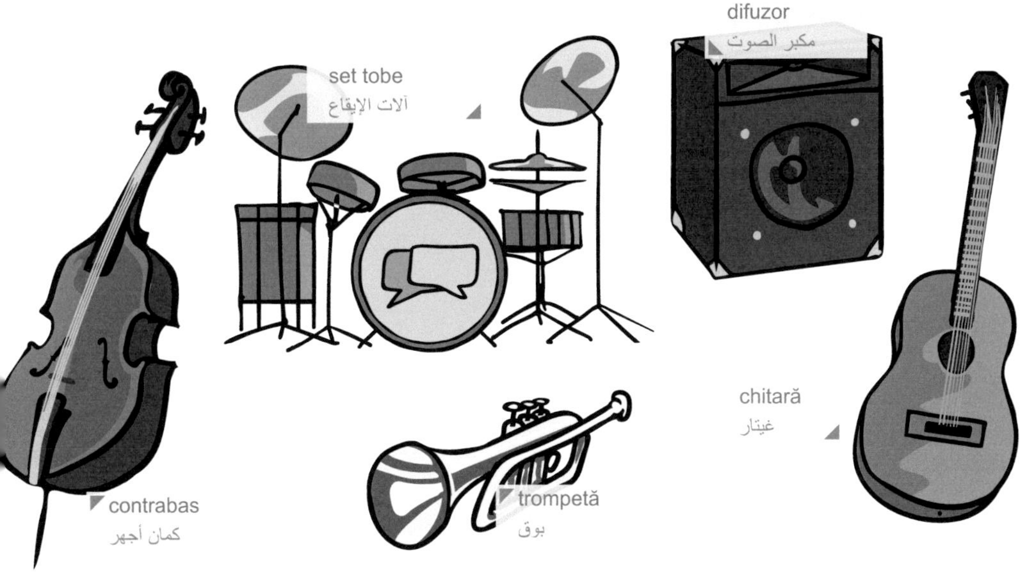

difuzor
مكبر الصوت

set tobe
آلات الإيقاع

chitară
غيتار

contrabas
كمان أجهر

trompetă
بوق

pian

بيانو

vioară

كمنجة

bas

جهير

trombon

طبل كبير

tobă

طبل

keyboard

بيانو كهربائي

saxofon

ساكسوفون

fluier

ناي

microfon

ميكروفون

grădină zoologică

حديقة حيوانات

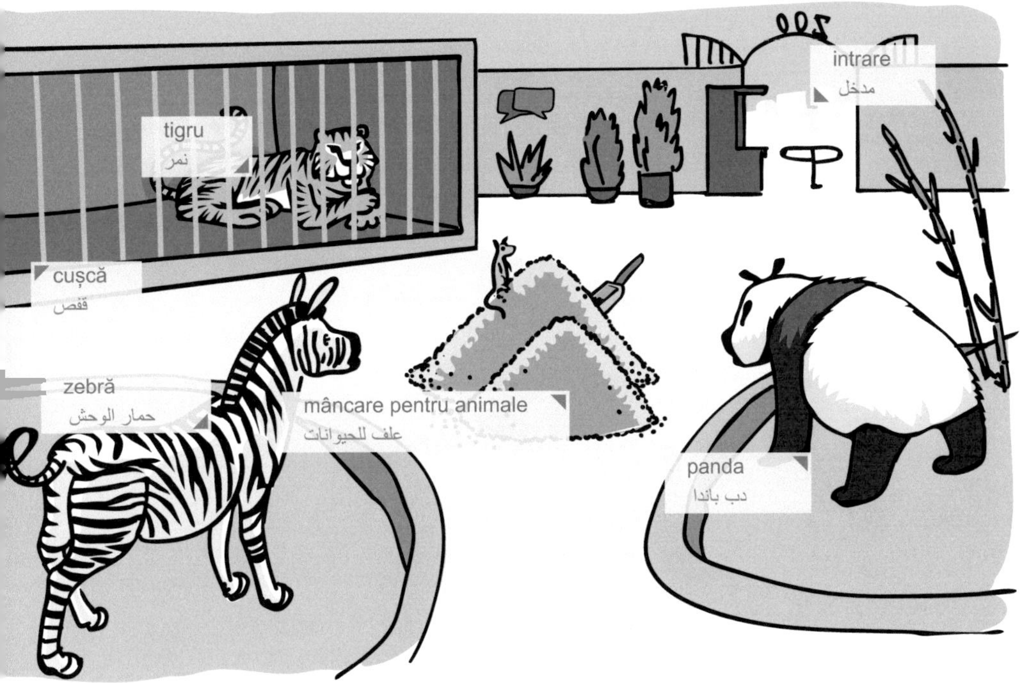

intrare
مدخل
tigru
نمر
cușcă
قفص
zebră
حمار الوحش
mâncare pentru animale
علف للحيوانات
panda
دب باندا

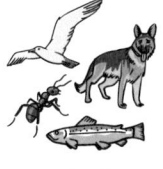

animale

حيوانات

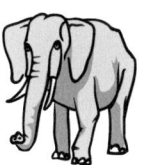

elefant

فيل

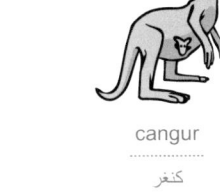

cangur

كنغر

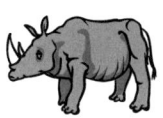

rinocer

وحيد القرن

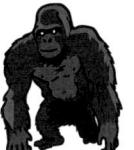

gorilă

غوريلا

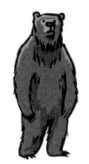

urs

دب

cămilă

جمل

struț

نعامة

leu

أسد

maimuță

قرد

flamingo

طائر فلامينغو

papagal

ببغاء

urs polar

دب قطبي

pinguin

بطريق

rechin

سمك القرش

păun

طاووس

șarpe

أفعى

crocodil

تمساح

îngrijitor grădina zoologică

حارس في حديقة الحيوان

focă

عجل البحر

jaguar

نمر أمريكي مرقّط

ponei

فرس قزم

leopard

نمر

hipopotam

فرس النهر

girafă

زرافة

acvilă

نسر

porc mistreţ

خنزير برّي

peşte

سمك

broască ţestoasă

سلحفاة

morsă

حيوان فظ البحري

vulpe

ثعلب

gazelă

غزال

fotbal american
كرة القدم الأمريكية

ciclism
ركوب الدراجات

tenis
كرة التنس

basketball
كرة السلة

înot
السباحة

box
الملاكمة

hockey pe gheață
هوكي الجليد

fotbal
كرة القدم

badminton
الريشة الطائرة

atletism
ألعاب القوى الخفيفة

handbal
كرة اليد

schi
التزلج على الثلج

polo
بولو

activități
نشاطات

a sări
يقفز
a îmbrățișa
يعانق
a cânta
يغنّي
a se ruga
يصلّي
a râde
يضحك
a merge
يمشي
a visa
يحلم
a săruta
يقبل

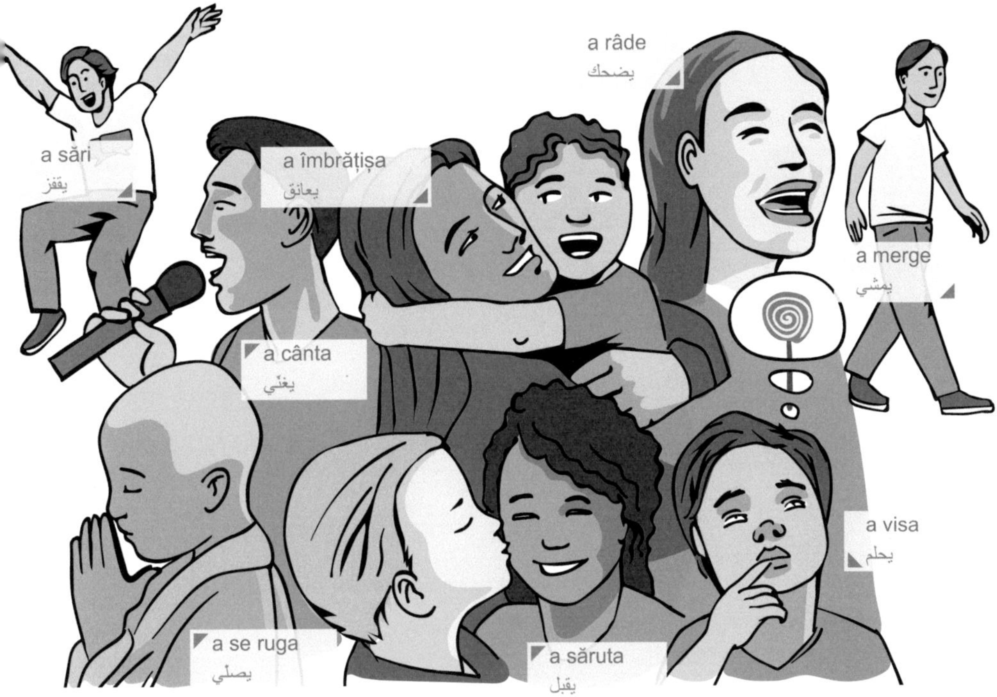

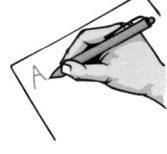

a scrie

يكتب

a desena

يرسم

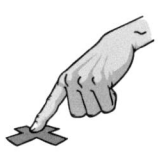

a arăta

يُري

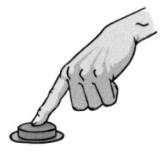

a împinge

يدفع

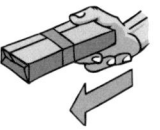

a da

يعطي

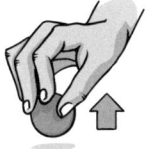

a lua

يأخذ

a avea

يملك

a face

يعمل

a fi

يوجد

a sta în picioare

يقَف

a fugi

يركض

a trage

يسحب

a arunca

يرمي

a cădea

يقع

a sta întins

يستلقي

a aștepta

ينتظر

a purta

يحمل

a ședea

يجلس

a se îmbrăca

يلبس

a dormi

ينام

a se trezi

يستيقَظ

a privi

ينظر إلى ..

a plânge

يبكي

a mângâia

يمسّد

a se pieptăna

يمشّط

a vorbi

يتكلم

a înţelege

يفهم

a întreba

يسأل

a asculta

يسمع

a bea

يشرب

a mânca

يأكل

a face ordine

يرتّب

a iubi

يحب

a găti

يطبخ

a conduce

يقود

a zbura

يطير

a naviga

يبحر بزورق شراعي

a calcula

يحسب

a citi

يقرأ

a învăța

يتعلم

a munci

يعمل

a se căsători

يتزوج

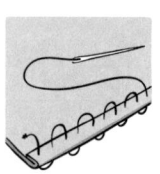

a coase

يخيط

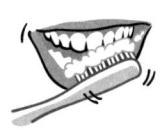

a se spăla pe dinți

ينظف أسنانه

a ucide

يقتل

a fuma

يدخّن

a trimite

يرسل

familie
عائلة

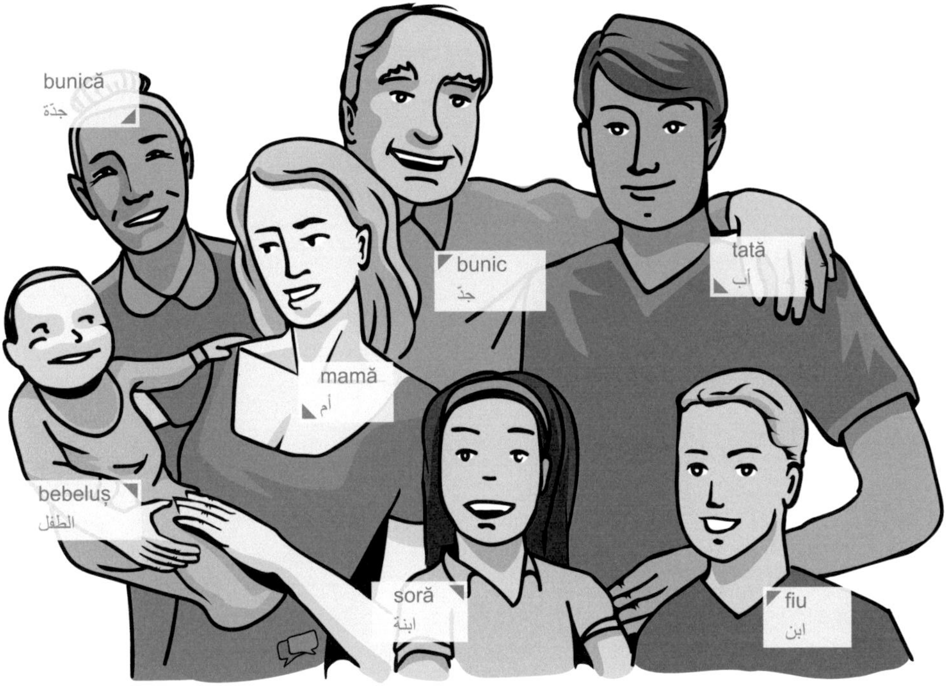

bunică
جدّة
bunic
جدّ
tată
أب
mamă
أم
bebeluș
الطفل
soră
ابنة
fiu
ابن

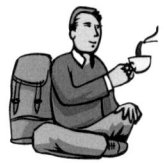

oaspete

ضيف

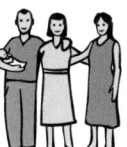

mătușă

عمّة / خالة

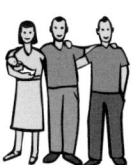

unchi

عمّ / خال

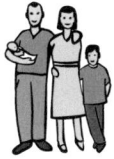

frate

أخ

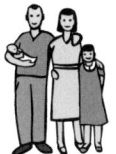

soră

أخت

corp

الجسم

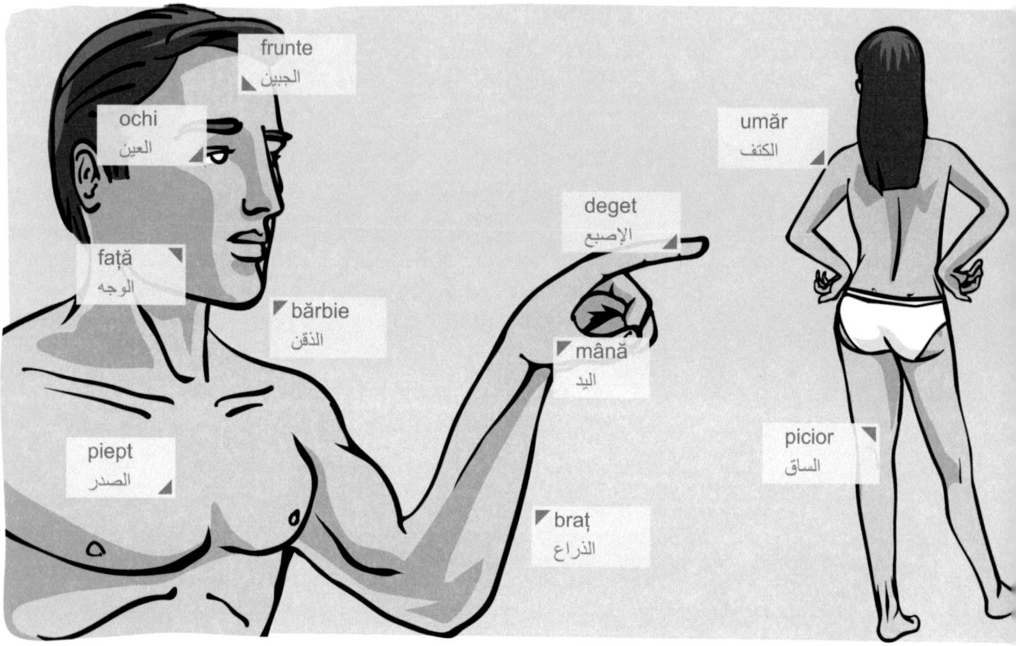
frunte
الجبين
ochi
العين
umăr
الكتف
deget
الإصبع
față
الوجه
bărbie
الذقن
mână
اليد
piept
الصدر
picior
الساق
braț
الذراع

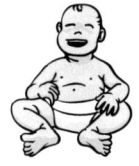

bebeluș
الطفل

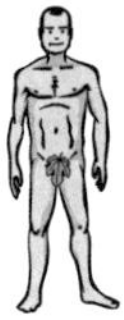
bărbat
الرجل

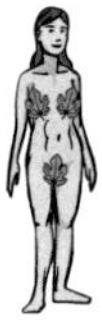
femeie
المرأة

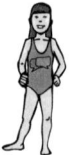

fată
البنت

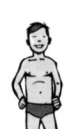

băiat
الولد

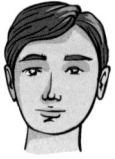

cap
الرأس

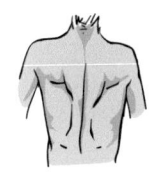

spate

الظهر

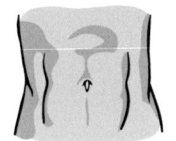

abdomen

البطن

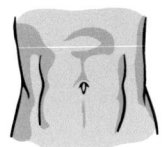

ombilic

السرّة

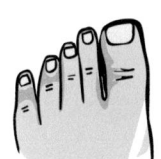

deget de la picior

إصبع القدم

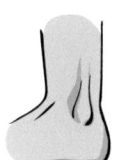

călcâi

الكعب

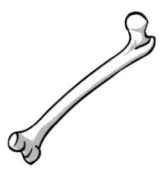

os

العظم

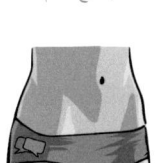

șold

الورك

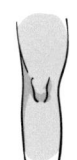

genunchi

الركبة

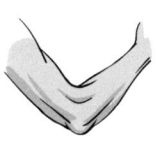

cot

المرفق

nas

الأنف

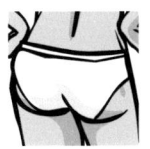

fund

العَجُز

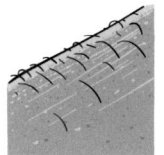

piele

البَشَرة

obraz

الخد

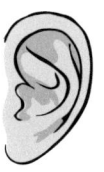

ureche

الأذن

buză

الشفة

gură

الفم

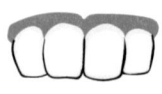

dinte

السن

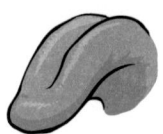

limbă

اللسان

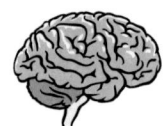

creier

الدماغ

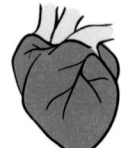

inimă

القلب

muşchi

العضلة

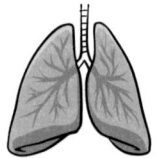

plămân

الرئة

ficat

الكبد

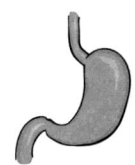

stomac

المعدة

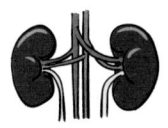

rinichi

الكلى

sex

الاتصال الجنسي

prezervativ

الواقي المطاطي

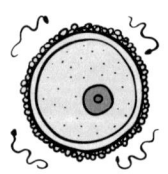

ovul

البويضة

spermă

المنيّ

sarcină

الحمل

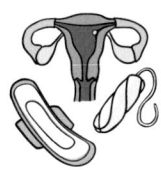

menstruație

الحيض

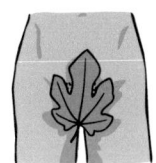

vagin

المهبل

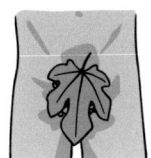

penis

القضيب

sprânceană

الحاجب

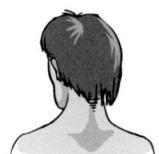

păr

الشعر

gât

الرقبة

spital
المستشفى

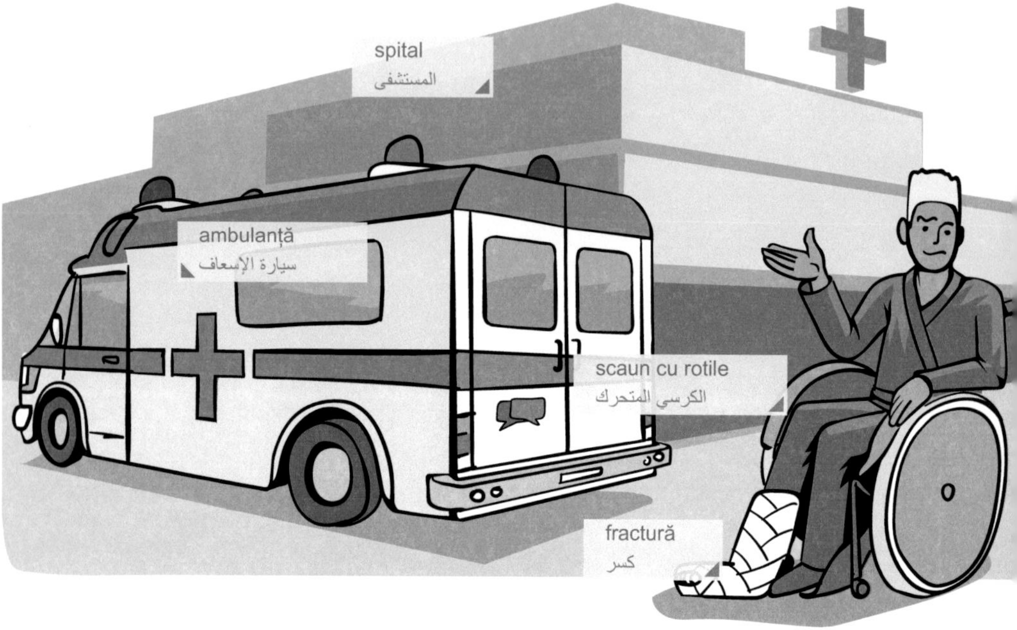

spital
المستشفى
ambulanță
سيارة الإسعاف
scaun cu rotile
الكرسي المتحرك
fractură
كسر

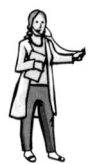

medic

الطبيب

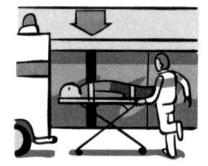

unitate de primiri urgențe

غرفة الإسعاف

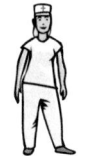

soră medicală

الممرضة

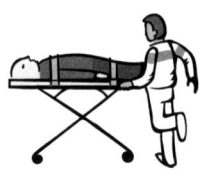

urgență

حالة

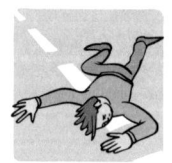

inconștient

مغمى عليه

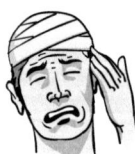

durere

الألم

leziune

إصابة

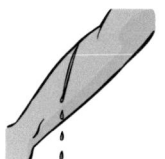

sângerare

النزيف

infarct miocardic

احتشاء القلب

atac cerebral

جلطة

alergie

حسسية

tuse

السعال

febră

الحُمّى

gripă

إنفلونزا

diaree

الإسهال

durere de cap

وجع الرأس

cancer

السرطان

diabet

مرض السكر

chirurg

جرّاح

scalpel

مبضع

operație

عملية

CT

سيتي سكان

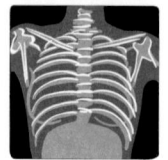

raze Röntgen

الأشعة السينية

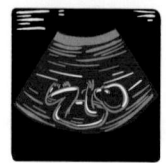

ultrasunet

فوق الصوتي

mască

القناع

boală

المرض

sală de așteptare

غرفة الانتظار

cârjă

العُكاز

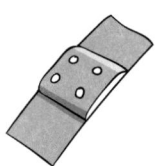

plasture

شريط لاصق

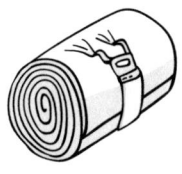

bandaj

ضماد

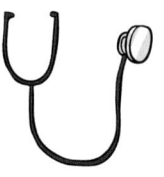

injecție

حقنة

stetoscop

سمّاعة الطبيب

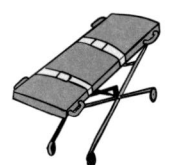

targă

نقالة

termometru

ميزان حرارة

naștere

ولادة

supraponderabilitate

وزن زائد

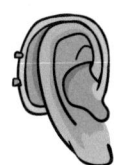

aparat auditiv

جهاز السمع

dezinfectant

المواد المعقمة

infecție

عدوى

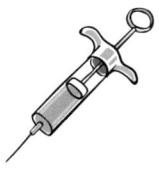

virus

فيروس

HIV/SIDA

الإيدز

medicină

الطب

vaccin

اللقاح

tablete

أقراص الدواء

pastilă

حبّة الدواء

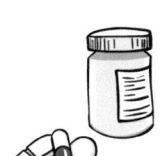

apel de urgență

نداء النجدة

aparat de măsurare a
presiunii arteriale

مقياس ضغط الدم

bolnav/sănătos

مريض / صحيح

Ajutor!

النجدة!

alarmă

إنذار

agresiune

اعتداء

atac

هجوم

pericol

خطر

ieşire de urgenţă

مخرج طوارئ

Foc!

حريق!

extinctor

جهاز الإطفاء

accident

حادث

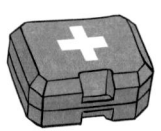

trusă de prim-ajutor

حقيبة الإسعاف الأولي

SOS

أنقذونا

poliţie

الشرطة

Europa

أوروبا

America de Nord

أمريكا الشمالية

America de Sud

أمريكا الجنوبية

Africa

أفريقيا

Asia

آسيا

Australia

أستراليا

Altantic

المحيط الأطلسي

Pacific

المحيط الهادي

Oceanul Indian

المحيط الهندي

Oceanul Antarctic

المحيط المتجمد الجنوبي

Oceanul Arctic

المحيط المتجمد الشمالي

Polul Nord

القطب الشمالي

Polul Sud

القطب الجنوبي

Antarctica

منطقة القطب الجنوبي

pământ

أرض

țară

بر

mare

بحر

insulă

جزيرة

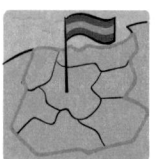

națiune

أمة

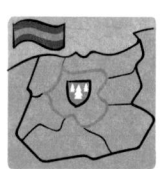

stat

دولة

cadran

ميناء الساعة

orar

عقرب الساعات

minutar

عقرب الدقائق

secundar

عقرب الثواني

Cât e ceasul?

كم الساعة الآن؟

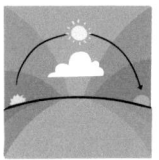

zi

يوم

timp

زمن

acum

الآن

cead digital

ساعة رقمية

minut

دقيقة

orã

ساعة

luni — الإثنين
marți — الثلاثاء
miercuri — الأربعاء
joi — الخميس
vineri — الجمعة
sâmbătă — السبت
duminică — الأحد

ieri
الأمس

azi
اليوم

mâine
غدا

dimineață
الصباح

amiază
الظهر

seară
المساء

zile lucrătoare
أيام العمل

week-end
نهاية الأسبوع

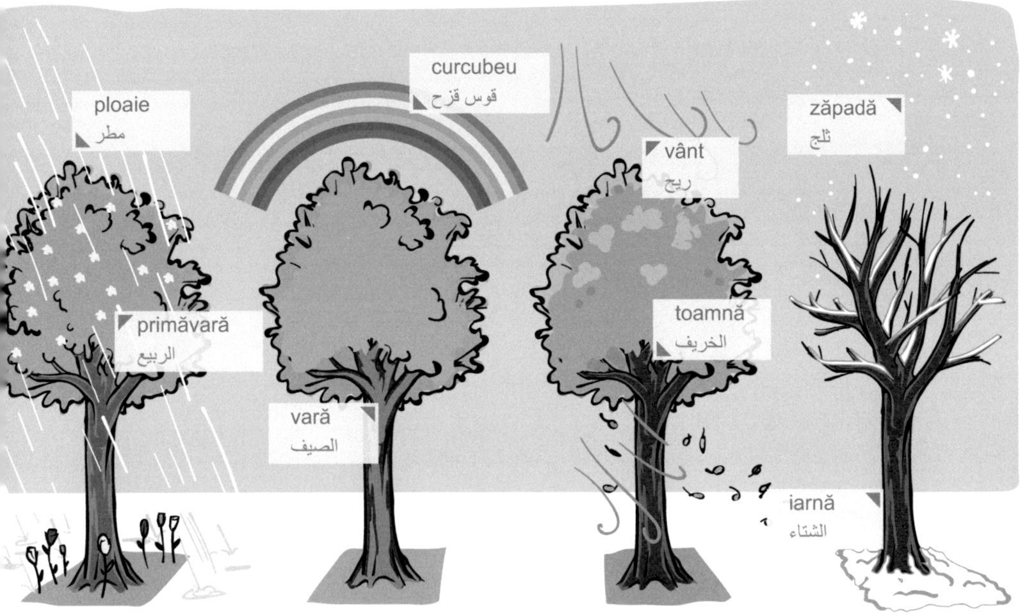

ploaie
مطر

curcubeu
قوس قزح

vânt
ريح

zăpadă
ثلج

primăvară
الربيع

toamnă
الخريف

vară
الصيف

iarnă
الشتاء

4.APRIL	11°
5.APRIL	4°
6.APRIL	13°
7.APRIL	8°
8.APRIL	10°

prognoză meteo

التنبؤ بالحالة الجوية

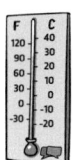

termometru

مقياس حرارة

lumina soarelui

ضوء الشمس

nor

سحابة

ceață

ضباب

umiditate a aerului

رطوبة الجو

fulger

برق

tunet

رعد

furtună

عاصفة

grindină

بَرَد

muson

ريح موسمية

inundație

طوفان

gheață

جليد

ianuarie

كانون الثاني / يناير

februarie

شباط / فبراير

martie

أذار / مارس

aprilie

نيسان / أبريل

mai

أيار / مايو

iunie

حزيران / يونيو

iulie

تموز / يوليو

august

أب / أغسطس

septembrie

أيلول / سبتمبر

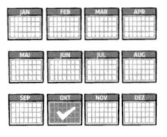

octombrie

تشرين الأول / أكتوبر

noiembrie

تشرين الثاني / نوفمبر

decembrie

كانون الأول / ديسمبر

forme

أشكال

cerc

دائرة

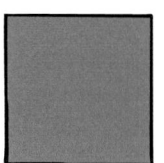

pătrat

مربّع

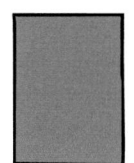

dreptunghi

مستطيل

triunghi

مثلث

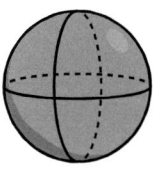

sferă

كرة

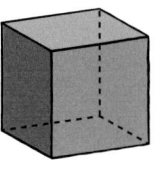

cub

مكعب

alb

أبيض

galben

أصفر

portocaliu

برتقالي

roz

وردي

roşu

أحمر

violet

بنفسجي

albastru

أزرق

verde

أخضر

maro

بنّي

gri

رمادي

negru

أسود

mult/puțin

كثير / قليل

furios/calm

غضبان / هادئ

frumos/urât

جميل / قبيح

început/sfârșit

بداية / نهاية

mare/mic

كبير / صغير

luminos/întunecat

فاتح / قاتم

frate/soră

أخ / أخت

curat/murdar

نظيف / وسخ

complet/incomplet

كامل / ناقص

zi/noapte

نهار / ليل

mort/viu

ميت / حيّ

lat/strâmt

عريض / ضيّق

comestibil/necomestibil

صالح للأكل / غير صالح

rău/prietenos

شرّير / لطيف

emoţionat/plictisit

مثير / ممل

gras/slab

سمين / نحيف

primul/ultimul

أولا / أخيراً

prieten/inamic

صديق / عدو

plin/gol

مليء / فارغ

tare/moale

صلب / ليّن

greu/uşor

ثقيل / خفيف

foame/sete

جوع / عطش

bolnav/sănătos

مريض / صحيح

ilegal/legal

غير شرعي / شرعي

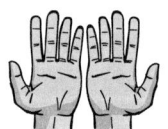

inteligent/stupid

ذكي / غبي

stânga/dreapta

يسار / يمين

aproape/departe

قريب / بعيد

nou/uzat

جديد / مستعمل

nimic/ceva

لا شيء / بعض الشيء

bătrân/tânăr

مسن / شاب

pornit/oprit

يشعل / يطفئ

deschis/închis

مفتوح / مغلق

încet/tare

خافت / عالٍ

bogat/sărac

غني / فقير

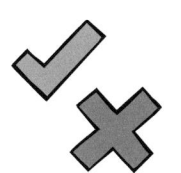

corect/fals

صح / خطأ

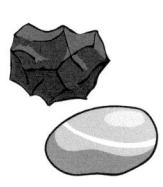

aspru/neted

أخرش / أملس

trist/fericit

حزين / سعيد

lung/scurt

قصير / طويل

încet/repede

بطيء / سريع

ud/uscat

مبلول / جاف

cald/rece

ساخن / بارد

război/pace

حرب / سلم

0

zero

صفر

1

unu

واحد

2

doi

اثنان

3

trei

ثلاثة

4

patru

أربعة

5

cinci

خمسة

6

şase

ستّة

7

şapte

سبعة

8

opt

ثمانية

9

nouă

تسعة

10

zece

عشرة

11

unsprezece

أحد عشر

12

douăsprezece

اثنا عشر

13

treisprezece

ثلاثة عشر

14

paisprezece

أربعة عشر

15

cincisprezece

خمسة عشر

16

șaisprezece

ستة عشر

17

șaptesprezece

سبعة عشر

18

optsprezece

ثمانية عشر

19

nouăsprezece

تسعة عشر

20

douăzeci

عشرون

100

o sută

مائة

1.000

o mie

ألف

1.000.000

un milion

مليون

engleză

الإنكليزية

engleză americană

الإنكليزية الأمريكية

chineza mandarină

لغة ماندارين الصينية

hindi

الهندية

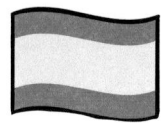

spaniolă

الإسبانية

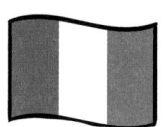

franceză

الفرنسية

arabă

العربية

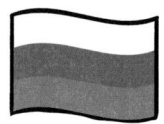

rusă

الروسية

protugheză

البرتغالية

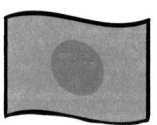

bengaleză

البنغالية

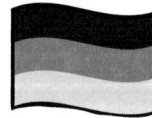

germană

الألمانية

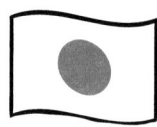

japoneză

اليابانية

eu

أنا

tu

أنت

el/ea

هو / هي

noi

نحن

voi

أنتم

ea

هم

cine?

من؟

ce?

ماذا؟

cum?

كيف؟

unde?

أين؟

când?

متى؟

nume

اسم

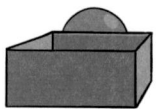

în spate

خلف

în

في

înainte

أمام

peste

فوق

pe

على

sub

تحت

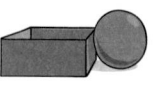

lângă

جنب

între

بين

loc

مكان